escuela - la escuela	2
viaje - el viaje	5
transporte - el transporte	8
ciudad - la ciudad	10
paisaje - el paisaje	14
restaurante - el restaurante	17
supermercado - el supermercado	20
bebida - las bebidas	22
comida - la comida	23
granja - la granja	27
casa - la casa	31
cuarto de estar - la sala	33
cocina - la cocina	35
cuarto de baño - el cuarto de baño	38
cuarto de los niños - la habitación de los niños	42
vestimenta - la ropa	44
oficina - la oficina	49
economía - la economía	51
ocupaciones - los oficios	53
herramientas - las herramientas	56
instrumentos musicales - los instrumentos musicales	57
zoológico - el zoo	59
deporte - los deportes	62
actividades - las actividades	63
familia - la familia	67
cuerpo - el cuerpo	68
hospital - el hospital	72
emergencia - la urgencia	76
Tierra - la tierra	77
reloj - hora(s)	79
semana - la semana	80
año - el año	81
formas - las formas	83
colores - colores	84
opuestos - los opuestos	85
números - los números	88
idiomas - los idiomas	90
quién / qué / cómo - quién / qué / cómo	91
donde - dónde	92

Impressum
Verlag: BABADADA GmbH, Nedderfeld 112 , 22529 Hamburg
Geschäftsführer / Verlagsleitung: Harald Hof
Druck: Books on Demand GmbH, In de Tarpen 42, 22848 Norderstedt

Imprint
Publisher: BABADADA GmbH, Nedderfeld 112 , 22529 Hamburg, Germany
Managing Director / Publishing direction: Harald Hof
Print: Books on Demand GmbH, In de Tarpen 42, 22848 Norderstedt, Germany

escuela
la escuela

- dividir — dividir
- mesa — la pizarra
- papel — el papel
- bolígrafo — el bolígrafo
- escritorio — el escritorio
- regla — la regla
- libro — el libro
- aula — el aula
- patio de escuela — el patio
- docente — el maestro/a
- escribir — escribir
- alumno — el alumno/a

mochila escolar
la cartera

caja de lápices
la caja de lápices

lápiz
el lápiz

sacapuntas
el sacapuntas

goma de borrar
la goma de borrar

bloc de dibujo
el cuaderno de dibujo

dibujo

el dibujo

pincel

el pincel

caja de pinturas

la caja de pinturas

tijera

las tijeras

pegamento

el pegamento

libro de ejercicios

el cuaderno de ejercicios

tarea

los deberes

número

el número

sumar

sumar

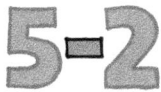

restar

restar

multiplicar

multiplicar

calcular

calcular

letra

la letra

alfabeto

el alfabeto

palabra

la palabra

escuela - la escuela

texto
el texto

leer
leer

tiza
la tiza

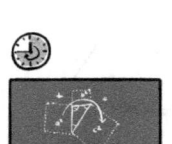
lección
la lección

libro de clase
el cuaderno de notas

examen
el examen

certificado
el certificado

uniforme escolar
el uniforme

educación
la educación

enciclopedia
la enciclopedia

universidad
la universidad

microscopio
el microscopio

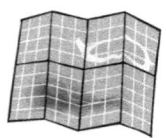
mapa
el mapa

cesto de papeles
la papelera

viaje
el viaje

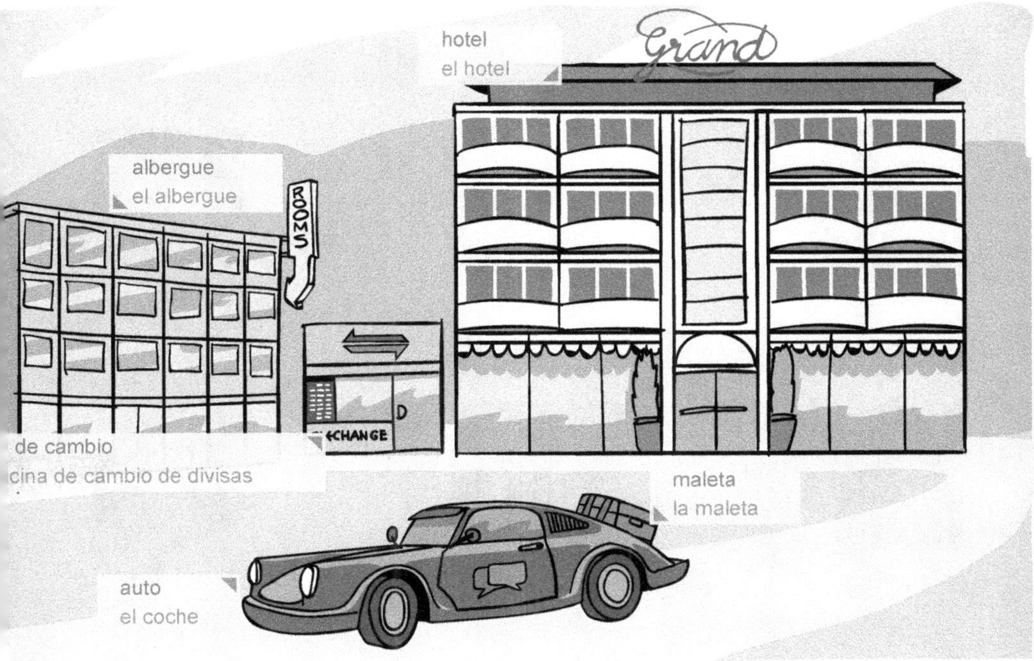
hotel
el hotel
albergue
el albergue
ROOMS
de cambio
cina de cambio de divisas
EXCHANGE
maleta
la maleta
auto
el coche

idioma

el idioma

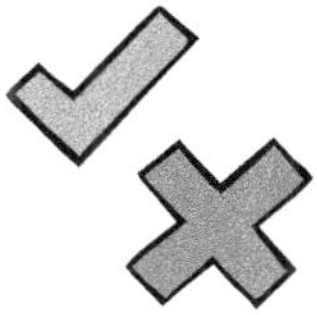

sí / no

sí / no

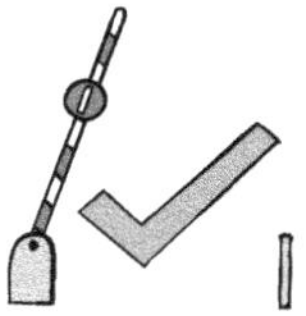

ok

Vale

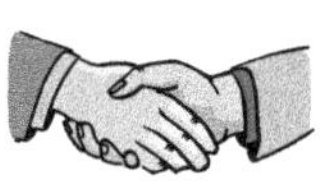

hola

hola

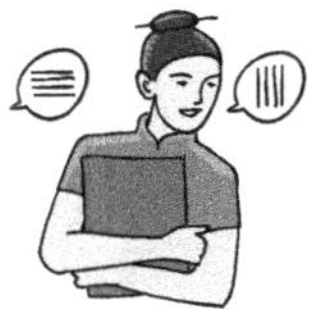

intérprete

el traductor

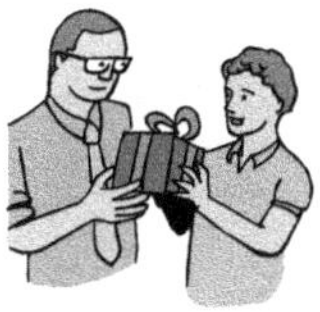

gracias

Gracias

¿Cuánto cuesta…?
¿cuánto es…?

No entiendo
No entiendo

problema
el problema

¡Buenas tardes!
¡Buenas tardes!

¡Buenos días!
¡Buenos días!

¡Buenas noches!
¡Buenas noches!

adiós
adiós

dirección
la dirección

equipaje
el equipaje

bolso
la bolsa

mochila
la mochila

invitado
el invitado

cuarto
la habitación

saco de dormir
el saco de dormir

tienda de campaña
la tienda de campaña

viaje - el viaje

información al turista
la información turística

playa
la playa

tarjeta de crédito
la tarjeta de crédito

desayuno
el desayuno

almuerzo
el almuerzo

cena
la cena

pasaje
el billete

ascensor
el ascensor

sello
el sello

límite
la frontera

aduana
la aduana

embajada
la embajada

visa
la visa

pasaporte
el pasaporte

viaje - el viaje

transporte
el transporte

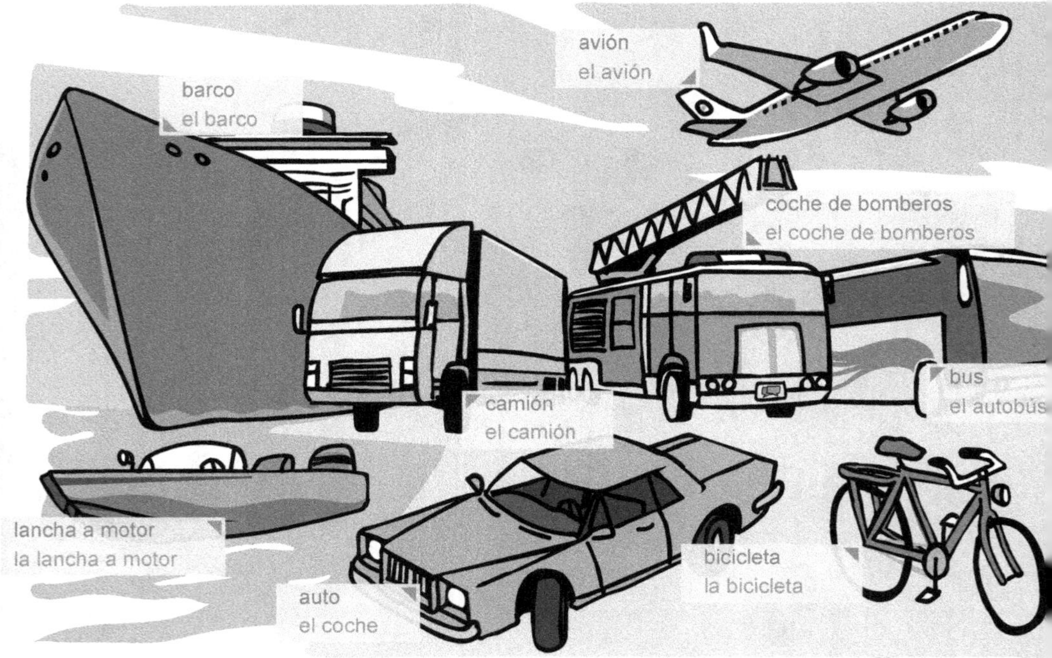

- avión / el avión
- barco / el barco
- coche de bomberos / el coche de bomberos
- camión / el camión
- bus / el autobús
- lancha a motor / la lancha a motor
- bicicleta / la bicicleta
- auto / el coche

balsa
el transbordador

lancha
la barca

motocicleta
la moto

auto de policía
el coche de policia

auto de carreras
el coche de carreras

auto de alquiler
el coche de alquiler

alquiler de autos
el préstamo de vehículos

grúa
la grúa

vehículo recolector de basura
el camión de la basura

motor
el motor

gasolina
la gasolina

gasolinera
la gasolinera

señal de tráfico
la señal de tráfico

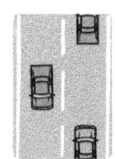

tránsito
el tráfico

atasco
el atasco

estacionamiento
el aparcamiento

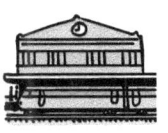

estación de tren
la estación de tren

carril
las vías

tren
el tren

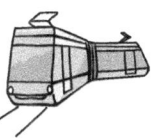

tranvía
el tranvía

vagón
el vagón

transporte - el transporte

helicóptero
el helicóptero

aeropuerto
el aeropuerto

torre
la torre

pasajero
el pasajero

contenedor
el contenedor

caja de cartón
la caja de cartón

carro
la carretilla

cesta
la cesta

despegar / aterrizar
despegar / aterrizar

ciudad
la ciudad

aldea
el pueblo

centro de la ciudad
el centro de la ciudad

casa
la casa

ciudad - la ciudad

cine — el cine
publicidad — el anuncio
farol — la farola
calle — la calle
taxi — el taxi
kiosco — el quiosco
peatón — el peatón
acera — la acera
cruce — el cruce
paso de cebra — el paso de cebra
contenedor de la basura — el contenedor de basura
semáforo — el semáforo

cabaña
la cabaña

apartamento
el apartamento

estación de tren
la estación de tren

ayuntamiento
el ayuntamiento

museo
el museo

escuela
la escuela

universidad
la universidad

banco
el banco

hospital
el hospital

hotel
el hotel

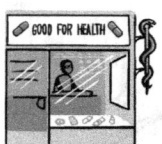
farmacia
la farmacia

oficina
la oficina

librería
la librería

negocio
la tienda de campaña

florería
la floristería

supermercado
el supermercado

mercado
el mercado

grandes almacenes
los grandes almacenes

pescadería
la pescadería

centro comercial
el centro comercial

puerto
el puerto

parque
el parque

banco
el banco

puente
el puente

escalera
las escaleras

metro
el metro

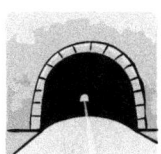
túnel
el túnel

parada de autobuses
la parada de autobús

bar
el bar

restaurante
el restaurante

buzón de correo
el buzón

letrero
el poste indicador

parquímetro
el parquímetro

zoológico
el zoo

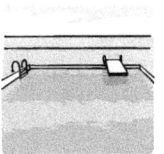
piscina
la piscina

mezquita
la mezquita

ciudad - la ciudad

granja
la granja

polución
la contaminación

cementerio
el cementerio

iglesia
la iglesia

parque infantil
el patio de juego

templo
el templo

paisaje
el paisaje

- hoja / la hoja
- indicador de camino / la señal
- sendero / el camino
- pradera / el prado
- piedra / la piedra
- caminante / el excursionista
- árbol / el árbol
- río / el río
- pasto / la hierba
- flor / la flor

valle
el valle

montaña
la colina

lago
el lago

bosque
el bosque

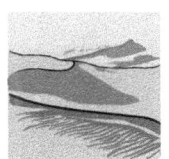
desierto
el desierto

volcán
el volcán

castillo
el castillo

arco iris
el arcoíris

seta
el champiñón

palmera
la palmera

mosquito
el mosquito

mosca
la mosca

hormiga
la hormiga

abeja
la abeja

araña
la araña

escarabajo

el escarabajo

rana

la rana

ardilla

la ardilla

erizo

el erizo

liebre

la liebre

lechuza

la lechuza

pájaro

el pájaro

cisne

el cisne

jabalí

el jabalí

ciervo

el ciervo

alce

el alce

embalse

la presa

aerogenerador

la turbina eólica

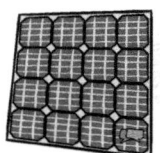

módulo solar

el panel solar

clima

el clima

restaurante
el restaurante

- camarero / el camarero
- carta del menú / el menú
- silla / la silla
- sopa / la sopa
- pizza / la pizza
- cubiertos / la cubertería
- mantel / el mantel

entrada

el primer plato

plato principal

el plato principal

postre

el postre

bebida

las bebidas

comida

la comida

botella

la botella

comida rápida
la comida rápida

comida callejera
la comida callejera

tetera
la tetera

azucarera
el azucarero

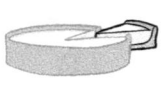
porción
la porción

máquina de espresso
la cafetera expreso

silla alta
la trona

factura
la cuenta

bandeja
la bandeja

cuchillo
el cuchillo

tenedor
el tenedor

cuchara
la cuchara

cuchara de té
la cucharilla

servilleta
la servilleta

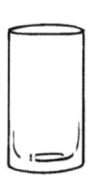
vaso
el vaso

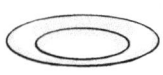
plato
el plato

plato de sopa
el plato hondo

platillo
el platillo

salsa
la salsa

salero
el salero

molinillo para pimienta
el molinillo de pimienta

vinagre
el vinagre

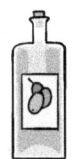
aceite
el aceite

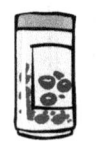
especias
las especias

ketchup
el ketchup

mostaza
la mostaza

mayonesa
la mayonesa

supermercado
el supermercado

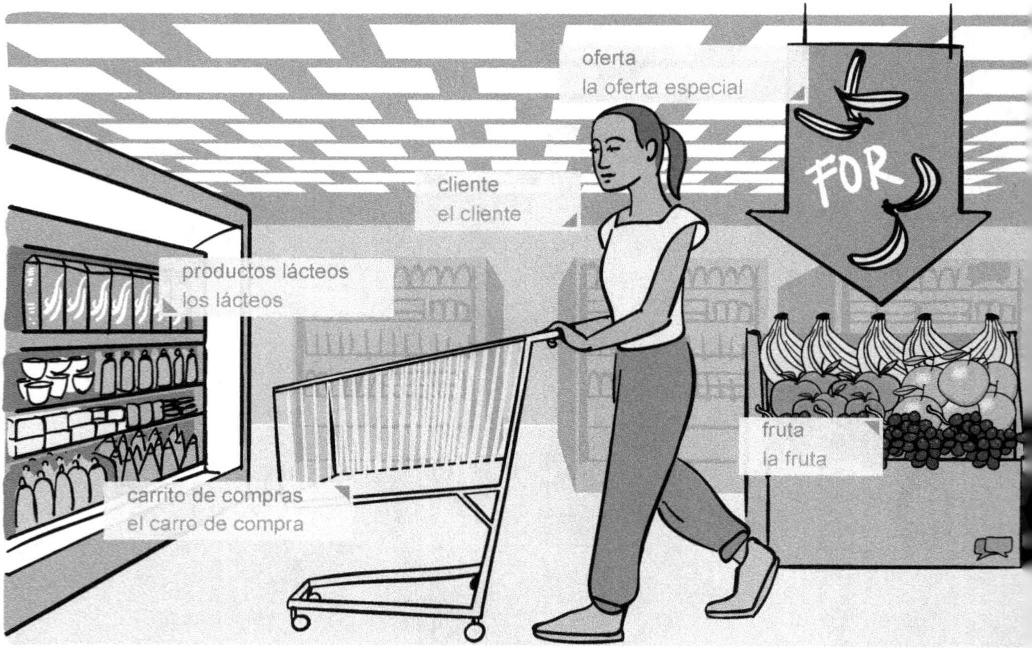

FOR
oferta
la oferta especial
cliente
el cliente
productos lácteos
los lácteos
fruta
la fruta
carrito de compras
el carro de compra

BUTCHERS

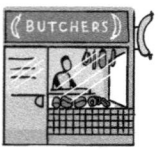

carnicería

la carniceria

BAKERY

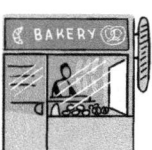

panadería

la panadería

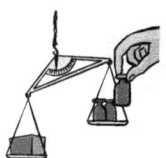

pesar

pesar

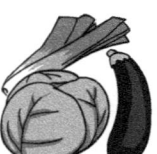

verdura

las verduras

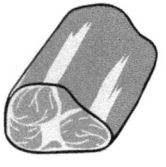

carne

la carne

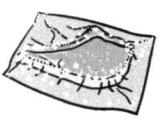

alimentos congelados

los alimentos congelados

fiambre

los fiambres

conservas

las conservas

detergente en polvo

el detergente en polvo

dulces

los dulces

artículos domésticos

productos de uso doméstico

productos de limpieza

productos de limpieza

vendedora

la vendedora

caja

la caja de cartón

cajero

el cajero

lista de compras

la lista de la compra

horario de atención

el horario de atención al público

cartera

la cartera

tarjeta de crédito

la tarjeta de crédito

maleta

la bolsa de plástico

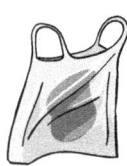

bolsa plástica

la bolsa de plástico

supermercado - el supermercado

bebida
las bebidas

agua
el agua

jugo
el zumo

leche
la leche

refresco de cola
la cola

vino
el vino

cerveza
la cerveza

alcohol
el alcohol

cacao
el cacao

té
el té

café
el café

espresso
el expreso

cappuccino
el capuchino

comida
la comida

banana
el plátano

manzana
la manzana

naranja
la naranja

sandía
el melón

limón
el limón

zanahoria
la zanahoria

ajo
el ajo

bambú
el bambú

cebolla
la cebolla

seta
el champiñón

nueces
las avellanas

fideos
los fideos

espagueti	arroz	ensalada
las espagueti	el arroz	la ensalada

patatas fritas	patatas salteadas	pizza
las patatas fritas	las patatas fritas	la pizza

hamburguesa	sándwich	escalope
la hamburguesa	el sándwich	el filete

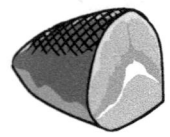

jamón	salame	embutido
el jamón	le salami	la salchicha

pollo	asado	pescado
el pollo	el asado	el pescado

copos de avena
los copos de avena

musli
el muesli

copos de maíz tostado
los copos de maiz

harina
la harina

croissant
el cruasán

panecillo
el panecillo

pan
el pan

tostada
la tostada

galletas
las galletas

mantequilla
la mantequilla

cuajada
la cuajada

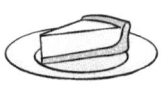
pastel
el pastel

huevo
el huevo

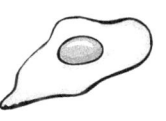
huevo frito
el huevo frito

queso
el queso

comida - la comida

helado	azúcar	miel
el helado	el azúcar	la miel

mermelada	praliné	curry
la mermelada	la crema de turrón	el curry

comida - la comida

granja
la granja

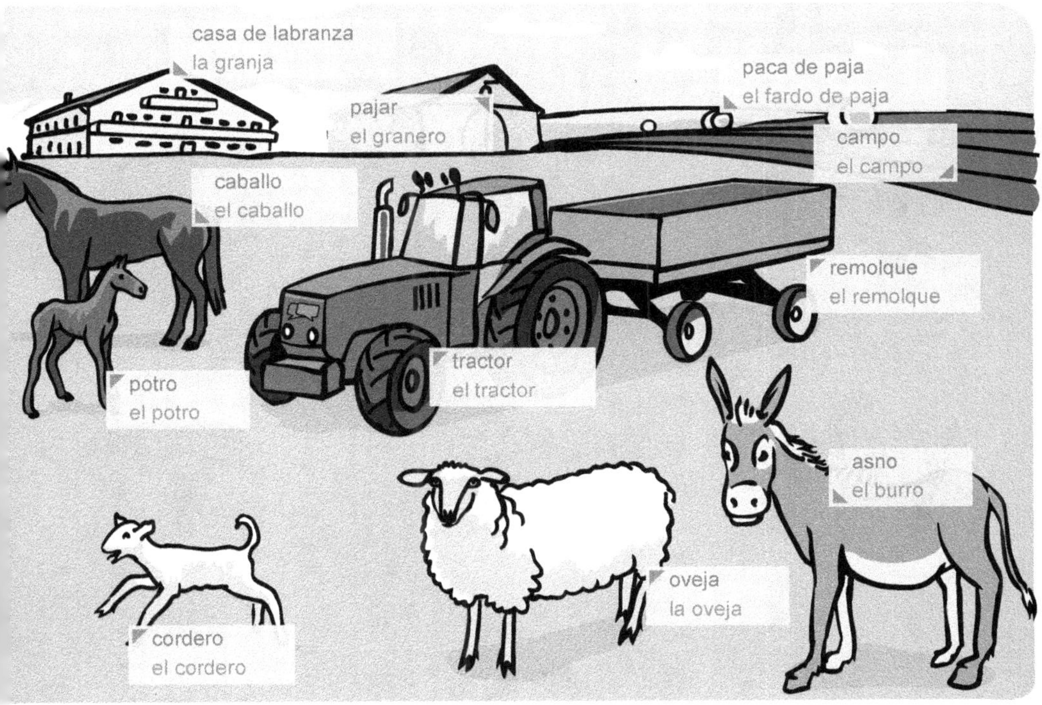

casa de labranza
la granja

pajar
el granero

paca de paja
el fardo de paja

campo
el campo

caballo
el caballo

remolque
el remolque

potro
el potro

tractor
el tractor

asno
el burro

cordero
el cordero

oveja
la oveja

cabra
la cabra

vaca
la vaca

ternero
el ternero

cerdo
el cerdo

lechón
el cerdito

toro
el toro

ganso
el ganso

pato
el pato

polluelo
el pollo

pollo
la gallina

gallo
el gallo

rata
la rata

gato
el gato

ratón
el ratón

buey
el buey

perro
el perro

caseta del perro
la perrera

manguera de riego
la manguera

regadera
la regadera

guadaña
la guadaña

arado
el arado

granja - la granja

hoz
la hoz

azada
la azada

bieldo
la horca

hacha
el hacha

carretilla
la carretilla

abrevadero
el abrevadero

lechera
la lechera

saco
el saco

cerca
la valla

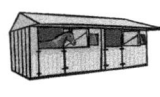
establo
el establo

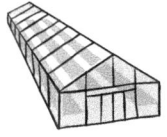
invernadero
el invernadero

suelo
el suelo

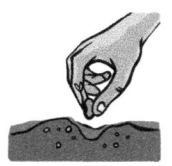
semilla
la semilla

fertilizante
el fertilizador

cosechadora
la cosechadora

cosechar
cosechar

cosecha
la cosecha

raíz de ñame
el ñame

trigo
el trigo

soja
el soja

patata
la patata

maíz
el maíz

colza
la semilla de colza

Árbol frutal
el árbol frutal

mandioca
la mandioca

cereales
las cereales

granja - la granja

casa
la casa

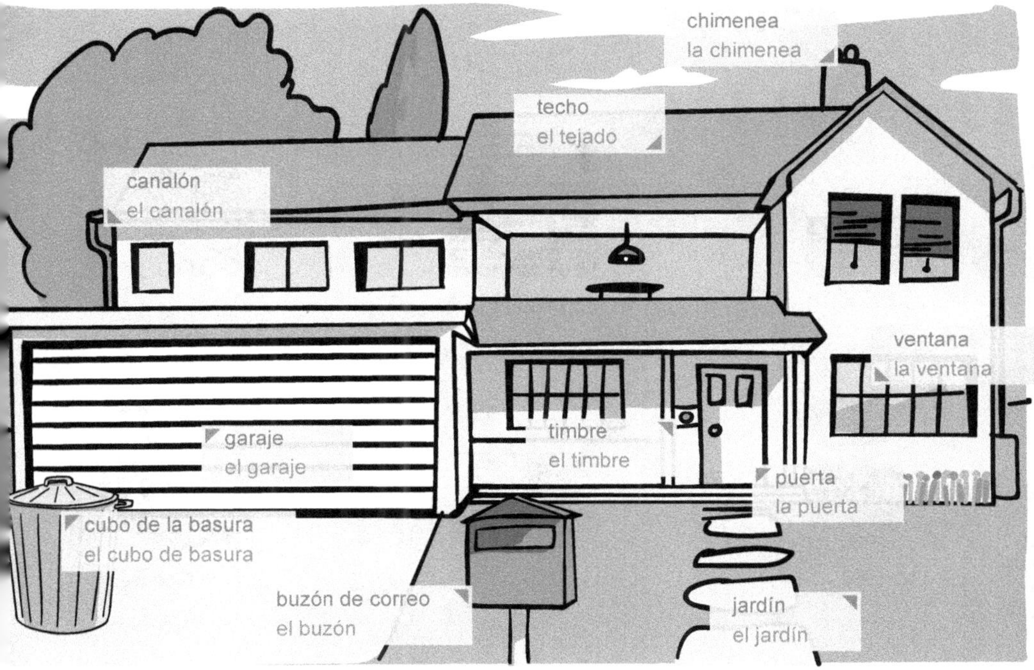

chimenea
la chimenea

techo
el tejado

canalón
el canalón

ventana
la ventana

garaje
el garaje

timbre
el timbre

puerta
la puerta

cubo de la basura
el cubo de basura

buzón de correo
el buzón

jardín
el jardín

cuarto de estar

la sala

cuarto de baño

el cuarto de baño

cocina

la cocina

dormitorio

el dormitorio

cuarto de los niños

la habitación de los niños

comedor

el comedor

casa - la casa

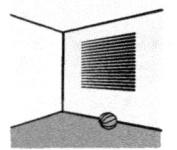	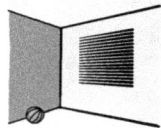	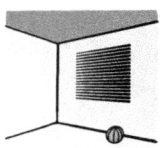
piso el suelo	pared la pared	cielorraso el techo
		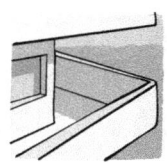
sótano el sótano	sauna la sauna	balcón el balcón
	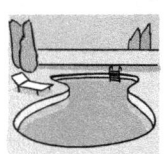	
terraza la terraza	piscina la piscina	cortacésped el cortacésped
		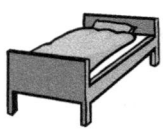
funda nórdica la sábana	edredón la colcha	cama la cama

escoba la escoba	cubo el balde	interruptor el interruptor

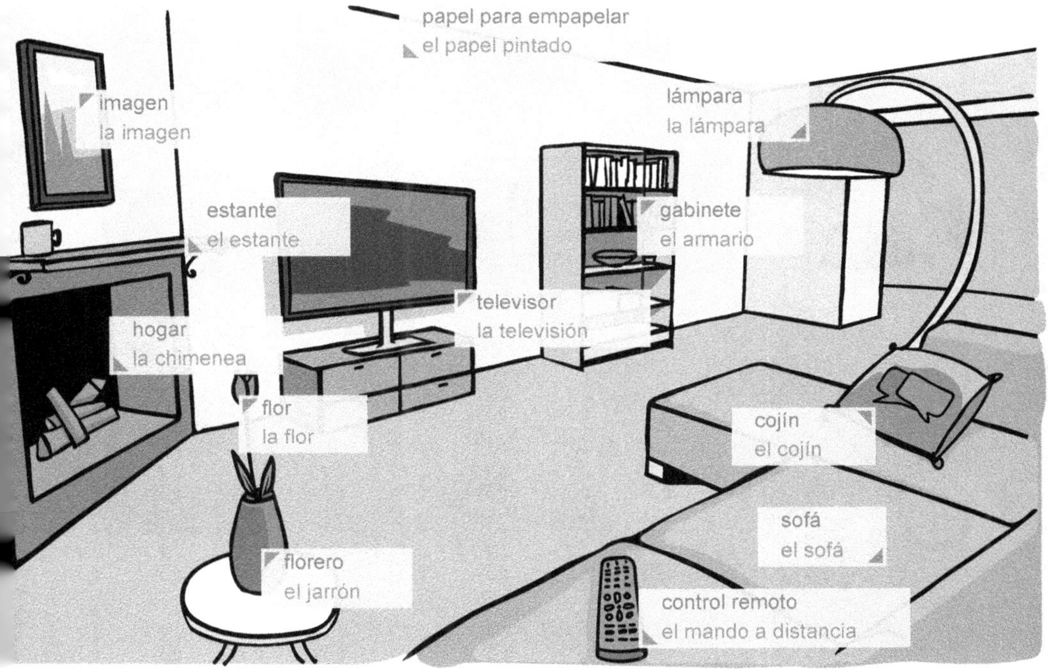

cuarto de estar
la sala

- papel para empapelar / el papel pintado
- imagen / la imagen
- lámpara / la lámpara
- estante / el estante
- gabinete / el armario
- televisor / la televisión
- hogar / la chimenea
- flor / la flor
- cojín / el cojín
- florero / el jarrón
- sofá / el sofá
- control remoto / el mando a distancia

alfombra

la alfombra

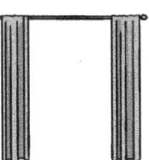

cortina

la cortina

mesa

la mesa

silla

la silla

mecedora

el mecedora

sillón

la butaca

libro

el libro

frazada

la manta

decoración

la decoración

leña

la leña

film

la película

equipo estereofónico

el equipo de música

llave

la llave

periódico

el periódico

cuadro

la pintura

póster

el póster

radio

la radio

bloc de notas

el cuaderno

aspiradora

la aspiradora

cactus

el cactus

vela

la vela

cocina
la cocina

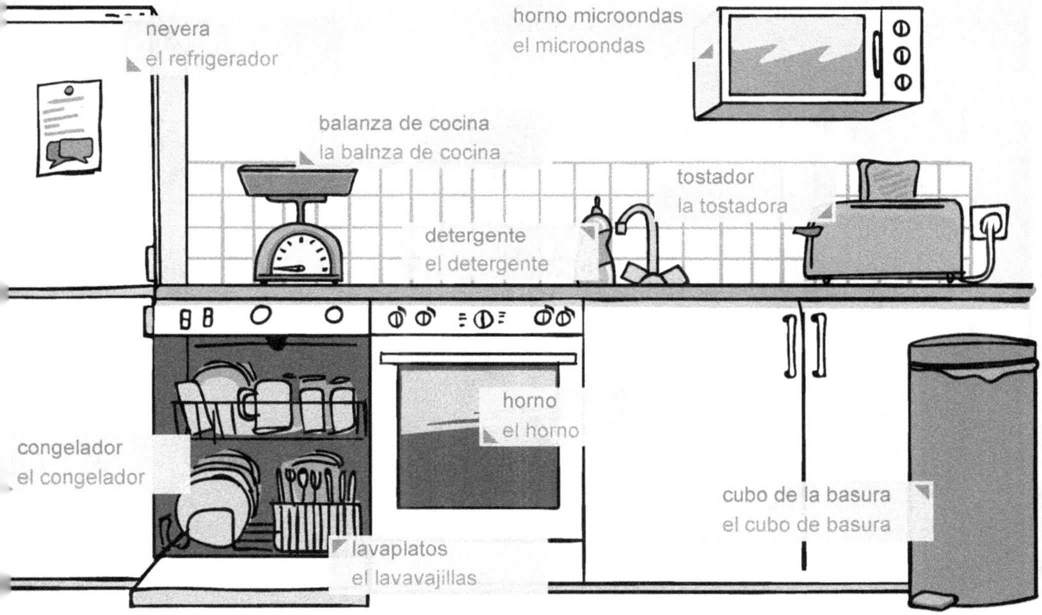

- nevera / el refrigerador
- horno microondas / el microondas
- balanza de cocina / la balnza de cocina
- tostador / la tostadora
- detergente / el detergente
- congelador / el congelador
- horno / el horno
- cubo de la basura / el cubo de basura
- lavaplatos / el lavavajillas

cocina
la olla a presión

olla
la olla

olla de fundición de hierro
la olla de hierro fundido

wok / kadai
el wok

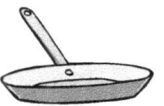

sartén
la cazuela

hervidor de agua
el hervidor

olla de vapor

la vaporera

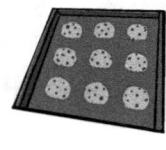

bandeja de horno

la chapa de horno

vajilla

la vajilla

vaso

la taza

bol

el tazón

palillos para comer

los palillos

cucharón de sopa

el cucharón

espátula

la espumadera

batidor

el batidor

colador

el colador

cedazo

el cedazo

rallador

el rallador

mortero

el mortero

parrillada

la barbacoa

fogata

la hoguera

cocina - la cocina

tabla de picar
la tabla de picar

rodillo
el rodillo

sacacorchos
el sacacorchos

lata
la lata

abrelatas
el abrelatas

agarrador
el agarrador

fregadero
el lavabo

cepillo
el cepillo

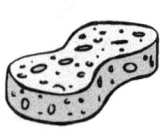

esponja
la esponja

batidora
la batidora

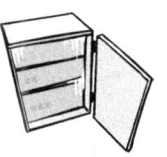

arcón congelador
el congelador

biberón
el biberón

grifo
el grifo

cocina - la cocina

cuarto de baño
el cuarto de baño

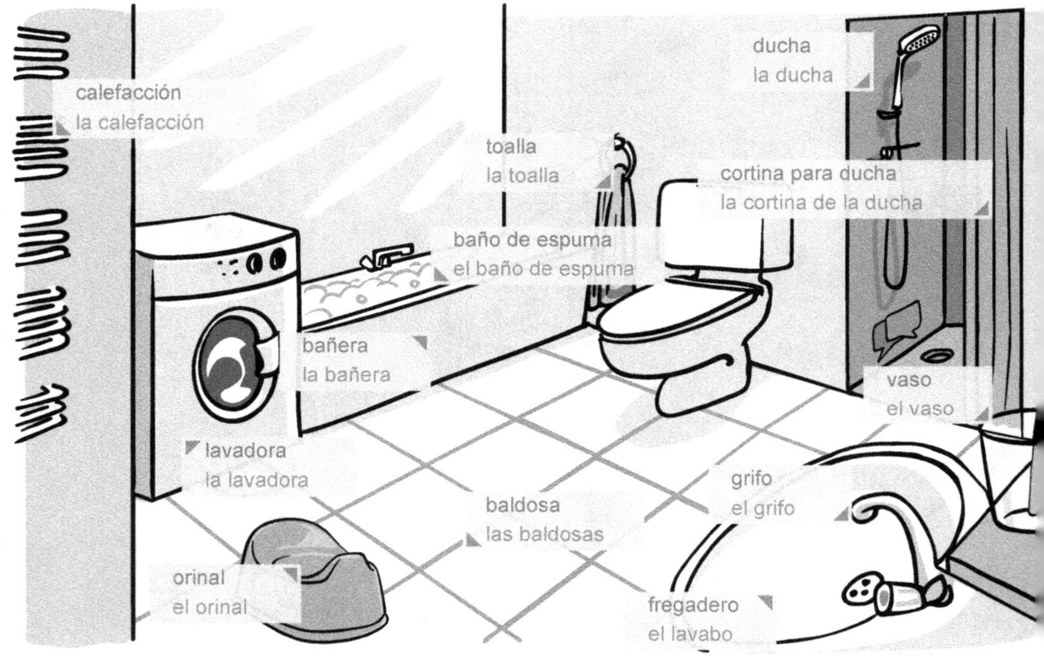

- calefacción / la calefacción
- toalla / la toalla
- ducha / la ducha
- baño de espuma / el baño de espuma
- cortina para ducha / la cortina de la ducha
- bañera / la bañera
- vaso / el vaso
- lavadora / la lavadora
- baldosa / las baldosas
- grifo / el grifo
- orinal / el orinal
- fregadero / el lavabo

cuarto de baño

el inodoro

placa turca

el inodoro rústico

bidé

el bidé

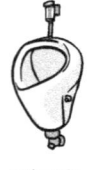

urinario

el urinario

papel higiénico

el papel higiénico

escobilla para el cuarto de baño

la escobilla del váter

cepillo de dientes

el cepillo de dientes

pasta dentífrica

la pasta de dientes

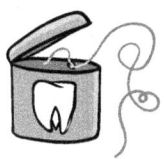

seda dental

el hilo dental

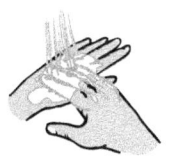

lavar

lavar

ducha teléfono

la ducha de mano

ducha higiénica

la ducha íntima

cuenco

la pila

cepillo para la espalda

el cepillo de espalda

jabón

el jabón

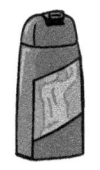

gel de ducha

el gel de ducha

champú

el champú

manopla para baño

la toallita

desagüe

el desagüe

crema

la crema

desodorante

el desodorante

cuarto de baño - el cuarto de baño

espejo

el espejo

espejo de maquillaje

el espejo de tocador

máquina de afeitar

la maquinilla de afeitar

espuma de afeitar

la espuma de afeitar

loción para después del afeitado

la loción postafeitado

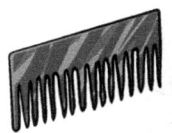

peine

el peine

cepillo

el cepillo

secador para cabello

el secador

laca de peinado

la laca

maquillaje

el maquillaje

lápiz labial

el pintalabios

laca para uñas

el pintauñas

algodón

el algodón

tijera para uñas

el cortauñas

perfume

el perfume

cuarto de baño - el cuarto de baño

neceser
el estuche de viaje

taburete
la banqueta

balanza
la balanza

bata de baño
el albornoz

guantes de goma
los guantes de goma

tampón
el tampón

compresa
la compresa

wáter químico
el inodoro químico

cuarto de los niños
la habitación de los niños

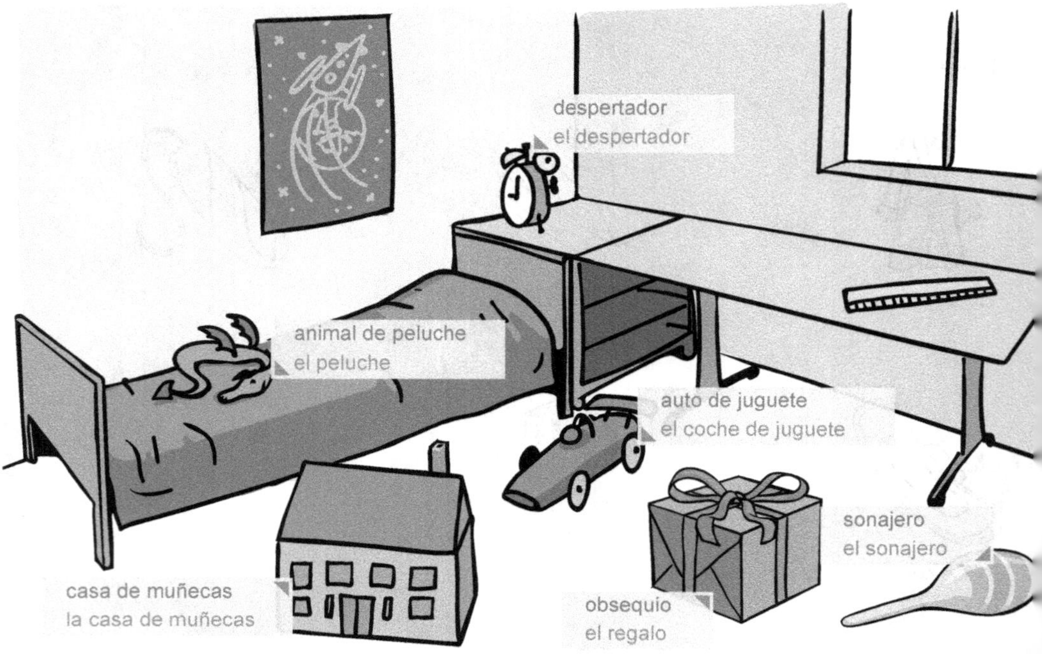

despertador
el despertador

animal de peluche
el peluche

auto de juguete
el coche de juguete

casa de muñecas
la casa de muñecas

obsequio
el regalo

sonajero
el sonajero

globo

el globo

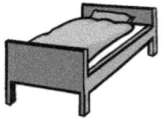

cama

la cama

cochecito para niños

el coche de niño

juego de barajas

los naipes

rompecabezas

el puzle

cómic

el tebeo

piezas de Lego

las piezas de lego

bloques para jugar

los bloques de juguete

figura de acción

la figura de acción

pijama de una pieza

el bodi (de bebé)

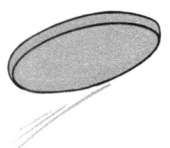

frisbee

el frisbee

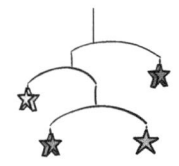

móvil

el colgador móvil para bebés

juego de mesa

el juego de mesa

dado

los dados

tren eléctrico a escala

el circuito de tren eléctrico

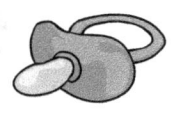

chupete

el maniquí

fiesta

la fiesta

libro de dibujos

el álbum de fotos

pelota

la pelota

títere

la muñeca

jugar

jugar

cuarto de los niños - la habitación de los niños

arenero
el cajón de arena

columpio
el columpio

juguetes
los juguetes

consola de videojuego
la videoconsola

triciclo
el triciclo

osito de peluche
el oso de peluche

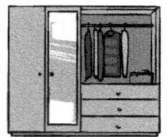
guardarropa
la guardarropa

vestimenta
la ropa

calcetines
los calcetines

medias
las medias

panti
los leotardos

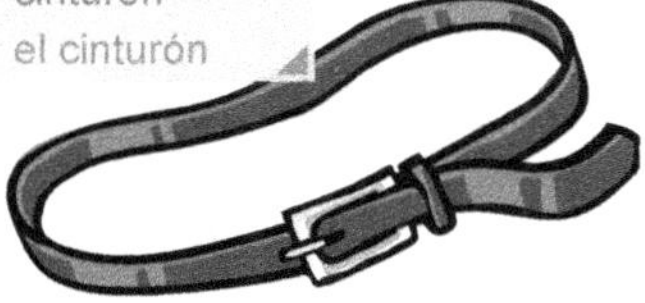

chal
la bufanda

paraguas
el paraguas

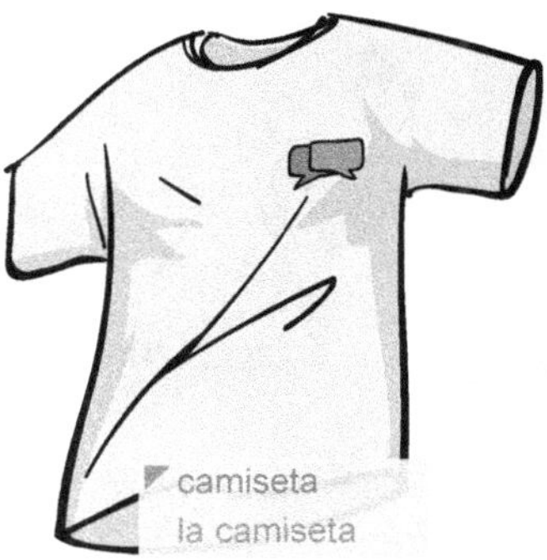

cinturón
el cinturón

camiseta
la camiseta

deportivas
las deportivas

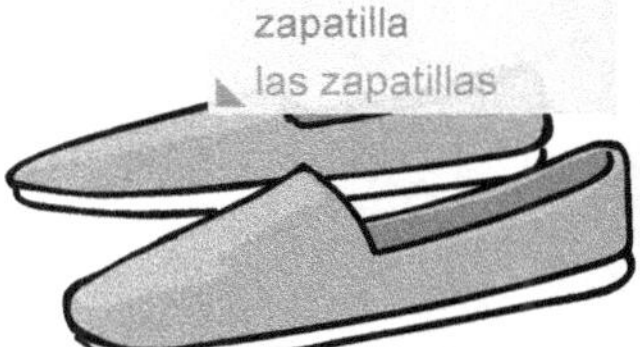

botas
las botas

zapatilla
las zapatillas

sandalias
las sandalias

zapatos
los zapatos

botas de goma
las botas de goma

ropa interior
el slip

corpiño
el sostén

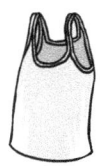

camiseta
el chaleco

vestimenta - la ropa

body
el bodi

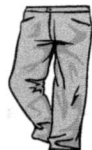
pantalón
los pantalones cortos

jeans
los vaqueros

falda
la falda

blusa
la blusa

camisa
la camisa

pullover
el jersey

sweater
el suéter

blazer
el blazer

chaqueta
la chaqueta

abrigo
el abrigo

impermeable
la gabardina

traje chaqueta
el traje

vestido
el vestido

vestido de bodas
el vestido de novia

traje
el traje

camisón
el camisón

pijama
el pijama

sari
el sati

pañuelo de cabeza
el bandana

turbante
el turbante

burka
la burka

caftán
el caftán

abaya
la abaya

traje de baño
el traje de baño

bañador
el bañador

shorts
los pantalones cortos

chándal
el chándal

delantal
el delantal

guante
los guantes

vestimenta - la ropa

botón
el botón

gafa
las gafas

brazalete
el brazalete

cadena
el collar

anillo
el anillo

aro
el pendiente

gorra
la gorra

percha
la percha

sombrero
el sombrero

corbata
la corbata

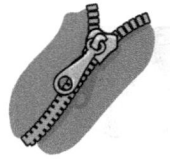
cierre a cremallera
la cremallera

casco
el casco

tiradores
los tirantes

uniforme escolar
el uniforme

uniforme
el uniforme

vestimenta - la ropa

babero
el babero

chupete
el maniquí

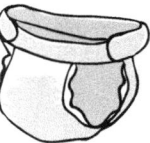
pañal
el pañal

oficina
la oficina

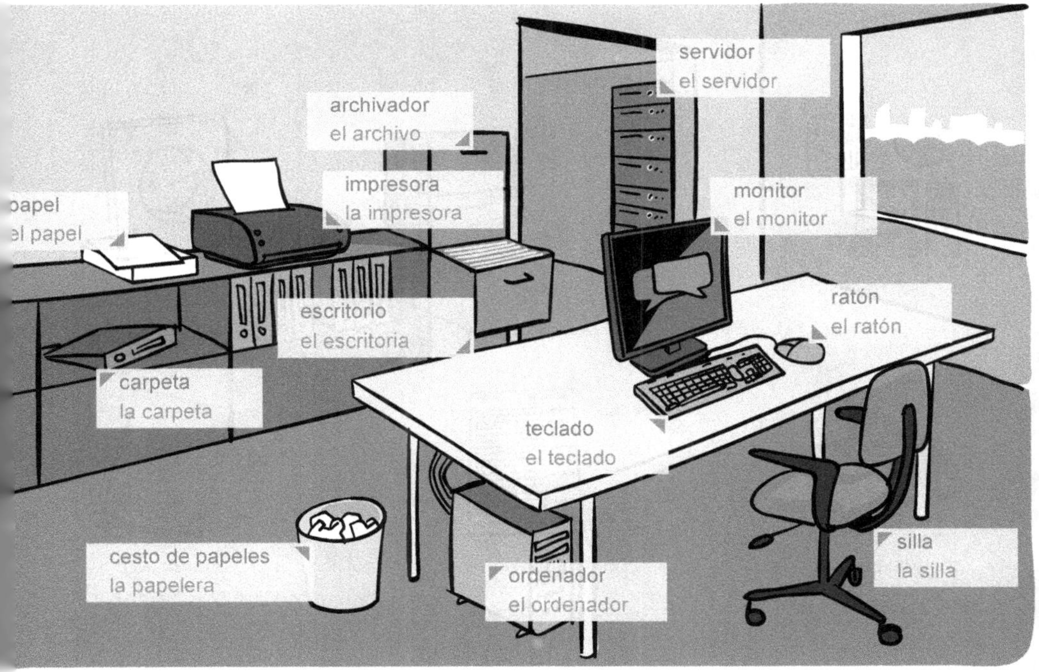

![oficina]

- archivador — el archivo
- servidor — el servidor
- impresora — la impresora
- monitor — el monitor
- papel — el papel
- escritorio — el escritoria
- ratón — el ratón
- carpeta — la carpeta
- teclado — el teclado
- cesto de papeles — la papelera
- ordenador — el ordenador
- silla — la silla

taza de café
la taza de café

calculadora
la calculadora

internet
el internet

laptop
el portátil

carta
la carta

mensaje
el mensaje

teléfono móvil
el móvil

red
la red

fotocopiadora
la fotocopiadora

software
el software

teléfono
el teléfono

tomacorriente
la toma de corriente

máquina de fax
el fax

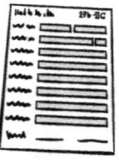
formulario
el formulario

documento
el documento

economía
la economía

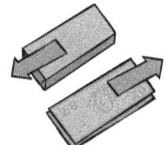
comprar
comprar

pagar
pagar

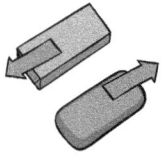
comerciar
comerciar

dinero
el dinero

dólar
el dólar

euro
el euro

yen
el yen

rublo
el rublo

franco
el franco suizo

renminbi
el renminbi yuan

rupia
la rupia

cajero automático
el cajero automático

casa de cambio

la oficina de cambio de divisas

oro

el oro

plata

la plata

petróleo

el petróleo

energía

la energía

precio

el precio

contrato

el contrato

impuesto

el impuesto

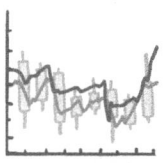

acción

la acción

trabajar

trabajar

empleado

el empleador

empleador

el empleador

fábrica

la fábrica

negocio

la tienda de campaña

economía - la economía

ocupaciones
los oficios

policía
el agente de policía

bombero
el bombero

cocinero
el cocinero

médico
el médico

piloto
el piloto

jardinero

el jardinero

carpintero

el carpintero

costurera

la costurera

juez

el juez

químico

el farmacéutico

actor

el actor

conductor de autobús
el conductor de autobús

taxista
el taxista

pescador
el pescador

mujer de la limpieza
la señora de la limpieza

techista
el techador

camarero
el camarero

cazador
el cazador

pintor
el pintor

panadero
el panadero

electricista
el electricista

albañil
el obrero

ingeniero
el ingeniero

carnicero
el carnicero

fontanero
el fontanero

cartero
el cartero

ocupaciones - los oficios

soldado
el soldado

arquitecto
el arquitecto

cajero
el cajero

florista
el florista

peluquero
el peluquero

cobrador
el revisor

mecánico
el mecánico

capitán
el capitán

odontólogo
el dentista

científico
el científico

rabino
el rabino

imam
el imán

monje
el monje

párroco
el sacerdote

ocupaciones - los oficios

herramientas
las herramientas

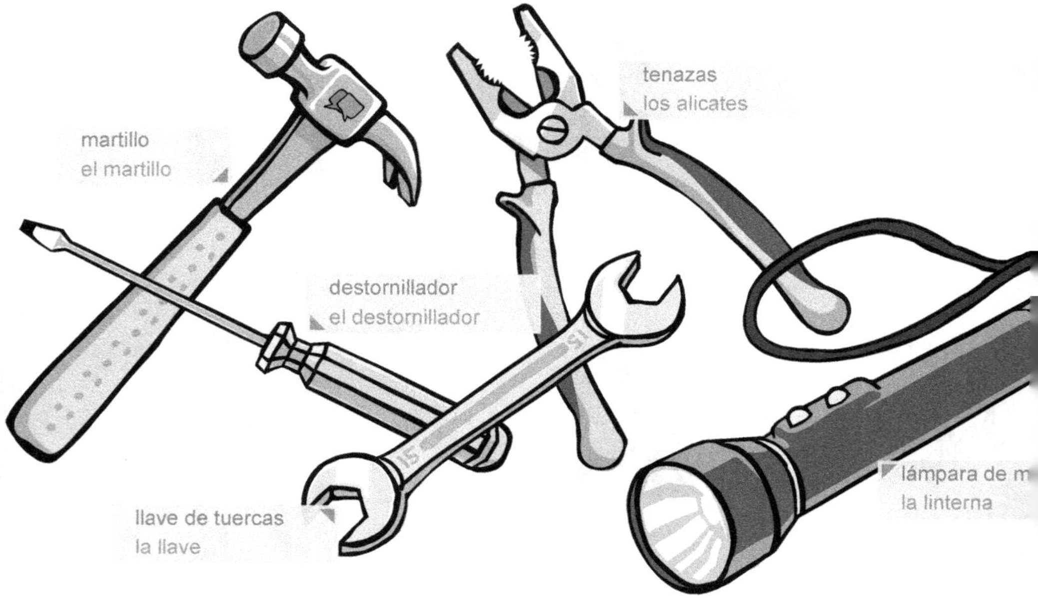

martillo
el martillo

tenazas
los alicates

destornillador
el destornillador

llave de tuercas
la llave

lámpara de m
la linterna

excavadora

la excavadora

caja de herramientas

la caja de herramientas

escalerilla

la escalera de mano

serrucho

la sierra

clavos

los clavos

taladro

el taladro

  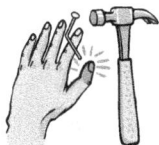

reparar	pala	¡Maldición!
reparar	la pala	¡Maldita sea!

recogedor	lata de pintura	tornillos
el recogedor	el bote de pintura	los tornillos

instrumentos musicales
los instrumentos musicales

altavoz
el altavoz

batería
la batería

guitarra
la guitarra

contrabajo
el contrabajo

trompeta
la trompeta

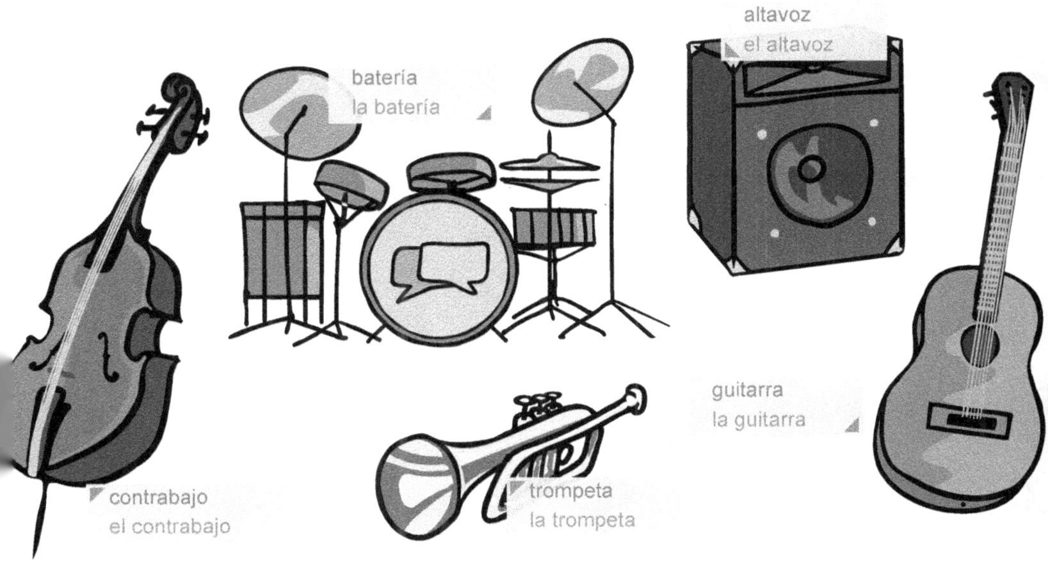

piano
el piano

violín
el violín

bajo
bajo

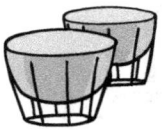
timbales
los timbales

tambor
el tambor

teclado
el teclado

saxofón
el saxofón

flauta
la flauta

micrófono
el micrófono

instrumentos musicales - los instrumentos musicales

zoológico
el zoo

- tigre / el tigre
- entrada / la entrada
- jaula / la jaula
- cebra / la cebra
- comida para animales / el pienso
- panda / el panda

animales
los animales

elefante
el elefante

canguro
el canguro

rinoceronte
el rinoceronte

gorila
el gorila

oso
el oso

camello

el camello

avestruz

el avestruz

león

el león

mono

el mono

flamengo

el flamingo

papagayo

el loro

oso polar

el oso polar

pingüino

el pingüino

tiburón

el tiburón

pavo real

el pavo real

serpiente

la serpiente

cocodrilo

el cocodrilo

cuidador del zoológico

el guardián de zoológico

foca

la foca

jaguar

el jaguar

pony
el poni

leopardo
el leopardo

hipopótamo
el hipopótamo

jirafa
la jirafa

águila
el águila

jabalí
el jabalí

pescado
el pescado

tortuga
la tortuga

morsa
la morsa

zorro
el zorro

gacela
la gacela

zoológico - el zoo

actividades
las actividades

escribir

escribir

dibujar

dibujar

mostrar

mostrar

presionar

empujar

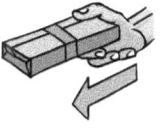

dar

dar

tomar

tomar

tener
tener

hacer
hacer

ser
ser

estar de pie
estar de pie

correr
correr

tirar
tirar

arrojar
tirar

caer
caer

estar acostado
yacer

esperar
esperar

llevar
llevar

estar sentado
estar sentado

vestirse
vestirse

dormir
dormir

despertar
despertar

mirar
mirar

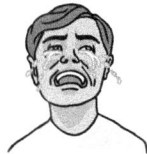
llorar
llorar

acariciar
acariciar

peinarse
peinar

conversar
hablar

entender
entender

preguntar
preguntar

oír
escuchar

beber
beber

comer
comer

asear
ordenar

amar
amar

cocinar
cocinar

conducir
conducir

volar
volar

navegar
navegar

calcular
calcular

leer
leer

aprender
aprender

trabajar
trabajar

casarse
casarse

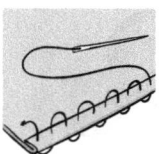
coser
coser

limpiarse los dientes
cepillarse los dientes

matar
matar

fumar
fumar

enviar
enviar

familia
la familia

- abuela / la abuela
- abuelo / el abuelo
- padre / el padre
- madre / la madre
- bebé / el bebé
- hija / la hija
- hijo / el hijo

invitado
el invitado

tía
la tia

tío
el tío

hermano
el hermano

hermana
la hermana

cuerpo
el cuerpo

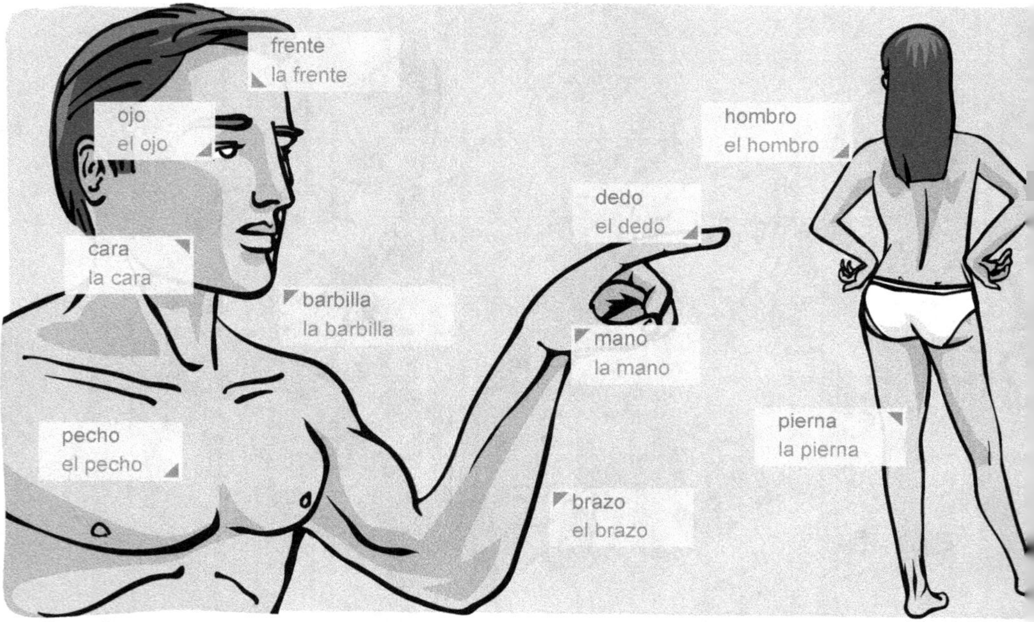

- frente / la frente
- ojo / el ojo
- cara / la cara
- barbilla / la barbilla
- pecho / el pecho
- hombro / el hombro
- dedo / el dedo
- mano / la mano
- brazo / el brazo
- pierna / la pierna

bebé
el bebé

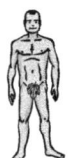

hombre
el hombre

mujer
la mujer

muchacha
la chica

joven
el chico

cabeza
la cabeza

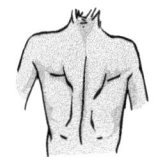
espalda
la espalda

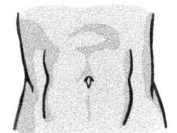
vientre
el vientre

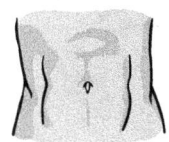
ombligo
el ombligo

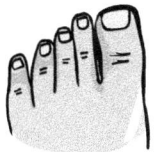
dedo del pie
el dedo del pie

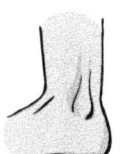
talón
el talón

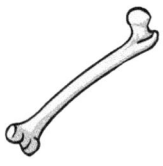
hueso
el hueso

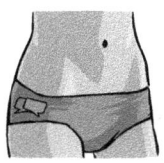
cadera
la cadera

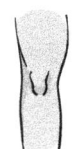
rodilla
la rodilla

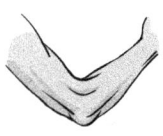
codo
el codo

nariz
la nariz

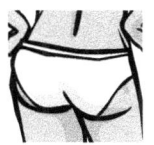
trasero
el trasero

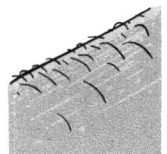
piel
la piel

mejilla
la mejilla

oreja
el oído

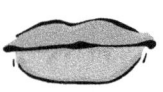
labio
el labio

boca
la boca

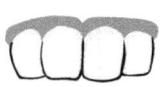
diente
el diente

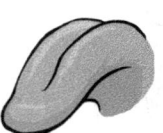
lengua
la lengua

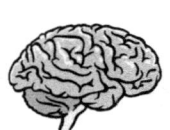
cerebro
el cerebro

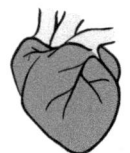
corazón
el corazón

músculo
el músculo

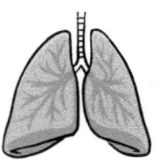
pulmón
el pulmón

hígado
el hígado

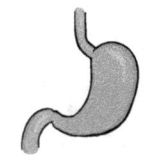
estómago
el estómago

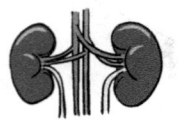
riñones
los riñones

relación sexual
el sexo

condón
el condón

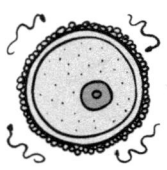
óvulo
el ovario

esperma
el semen

embarazo
el embarazo

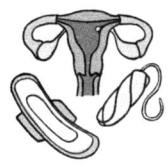
menstruación
la menstruación

vagina
la vagina

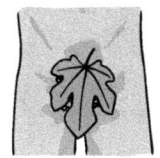
pene
el pene

ceja
la ceja

cabello
el pelo

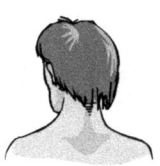
cuello
el cuello

hospital
el hospital

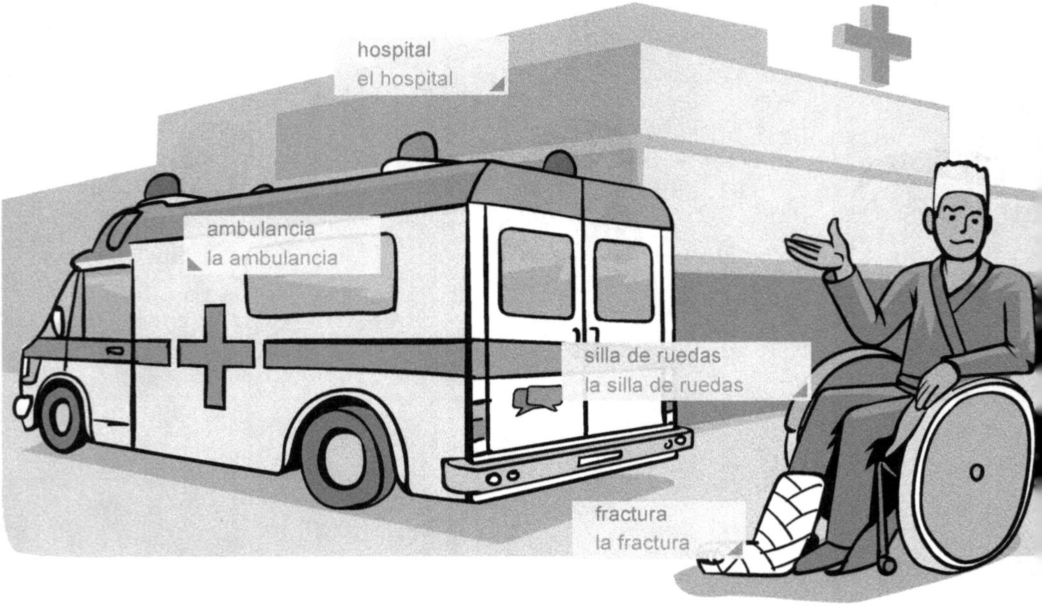

- hospital / el hospital
- ambulancia / la ambulancia
- silla de ruedas / la silla de ruedas
- fractura / la fractura

médico

el médico

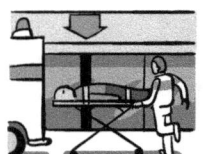

admisión de urgencia

la sala de urgencias

enfermera

la enfermera

emergencia

la urgencia

inconsciente

inconsciente

dolor

el dolor

lesión
la lesión

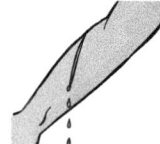
hemorragia
la hemorragia

infarto de miocardio
el infarto

apoplejía cerebral
el ictus

alergia
la alergia

tos
la tos

fiebre
la fiebre

gripe
la gripe

diarrea
la diarrea

dolor de cabeza
el dolor de cabeza

cáncer
el cáncer

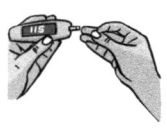
diabetes
la diabetes

cirujano
el cirujano

escalpelo
el bisturí

operación
la operación

hospital - el hospital

TC
TAC

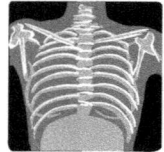

rayos X
los rayos x

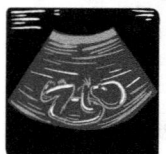

ultrasonido
el ultrasonido

máscara
la mascarilla

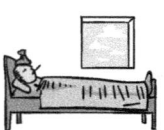

enfermedad
la enfermedad

sala de espera
la sala de espera

muleta
la muleta

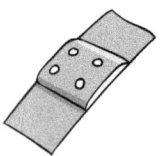

emplasto
la tirita

vendaje
la venda

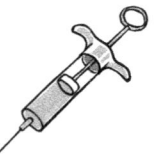

inyección
la inyección

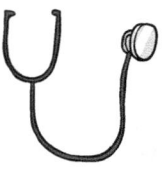

estetoscopio
el estetoscopio

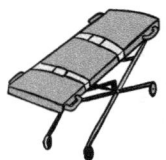

camilla
la camilla

termómetro
el termómetro

nacimiento
el nacimiento

sobrepeso
el sobrepeso

hospital - el hospital

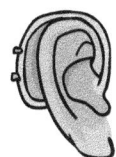
audífono
el audífono

desinfectante
el desinfectante

infección
la infección

virus
el virus

VIH / SIDA
VIH / SIDA

medicina
la medicina

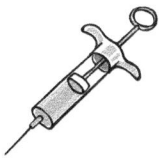
vacunación
la vacunación

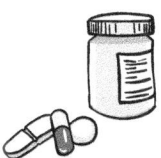
comprimido
las tabletas

píldora anticonceptiva
la pastilla

llamada de emergencia
la llamada de urgencia

medidor de presión arterial
el tensiómetro

enfermo / saludable
enfermo / sano

emergencia
la urgencia

¡Ayuda!
¡Socorro!

alarma
la alarma

asalto
el asalto

ataque
el ataque

peligro
el peligro

salida de emergencia
la salida de emergencia

¡Fuego!
¡Fuego!

extintor
el extintor de incendios

accidente
el accidente

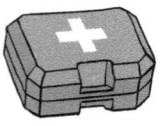
kit de primeros auxilios
el botiquín de primeros auxilios

SOS
SOS

Policía
la policía

Tierra
la tierra

Europa
Europa

América del Norte
Norteamérica

América del Sur
Sudamérica

África
África

Asia
Asia

Australia
Australia

Atlántico
el atlántico

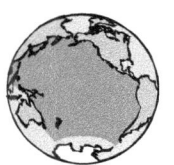
Pacífico
el Pacífico

Océano Índico
el Océano Índico

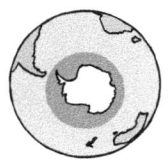
Océano Antártico
el Océano Antártico

Océano Ártico
el Océano Ártico

Polo Norte
el polo norte

Polo Sur
el polo sur

Antártida
La Antártida

Tierra
la tierra

país
la tierra

mar
el mar

isla
la isla

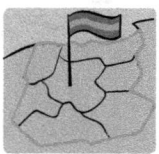
nación
la nación

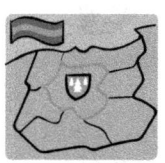
Estado
el estado

reloj
hora(s)

cuadrante
la esfera

horario
la manecilla de las horas

minutero
el minutero

segundero
el segundero

¿Qué hora es?
¿Qué hora es?

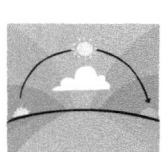
día
el día

tiempo
el tiempo

ahora
ahora

reloj digital
el reloj digital

minuto
el minuto

hora
la hora

semana
la semana

ayer
ayer

hoy
hoy

mañana
mañana

mañana
la mañana

mediodía
el mediodía

tarde
la tarde

jornada de trabajo
los días laborables

fin de semana
el fin de semana

año
el año

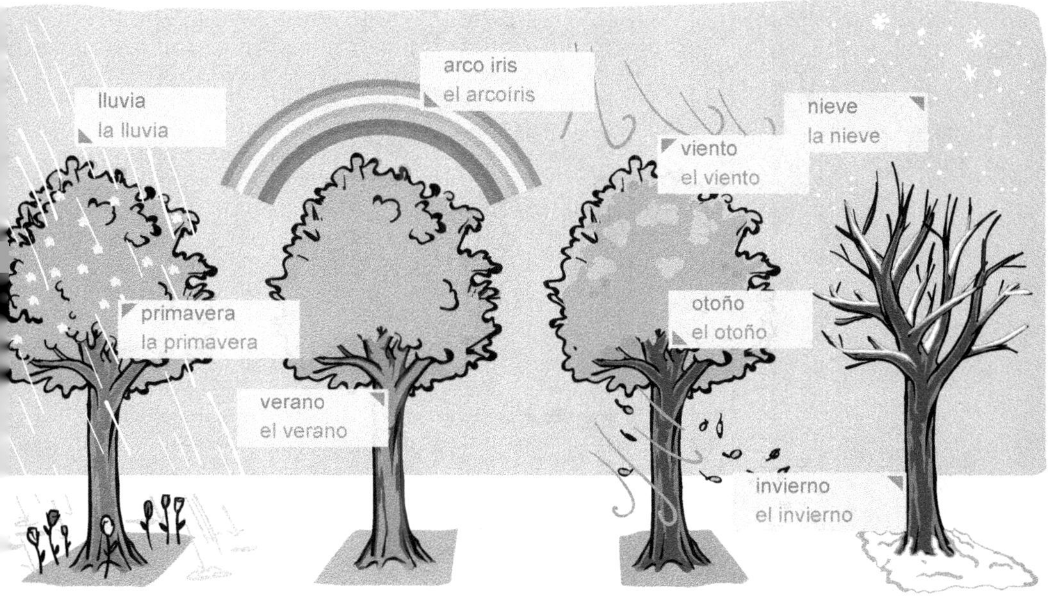

lluvia
la lluvia

arco iris
el arcoíris

nieve
la nieve

viento
el viento

primavera
la primavera

otoño
el otoño

verano
el verano

invierno
el invierno

pronóstico meteorológico
el pronóstico del tiempo

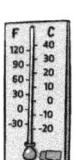

termómetro
el termómetro

luz solar
el sol

nube
la nube

niebla
la niebla

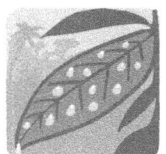

humedad ambiente
la humedad

relámpago

el rayo

trueno

el trueno

tormenta

la tormenta

granizo

el granizo

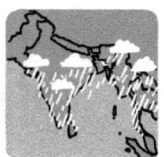

monzón

el monzón

inundación

la inundación

hielo

el hielo

enero

enero

febrero

febrero

marzo

marzo

abril

abril

mayo

mayo

junio

junio

julio

julio

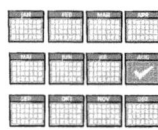

agosto

agosto

año - el año

septiembre
septiembre

octubre
octubre

noviembre
noviembre

diciembre
diciembre

formas
las formas

círculo
el círculo

cuadrado
el cuadrado

rectángulo
el rectángulo

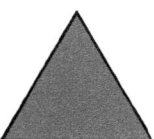
triángulo
el triángulo

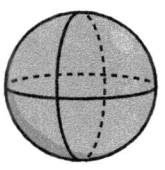
esfera
la esfera

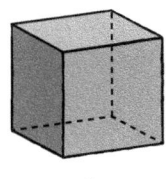
cubo
el cubo

colores
colores

blanco
blanco

amarillo
amarillo

anaranjado
anaranjado

rosa
rosa

rojo
rojo

lila
morado

azul
azul

verde
verde

marrón
marrón

gris
gris

negro
negro

opuestos
los opuestos

mucho / poco
mucho / poco

enojado / calmado
enojado / tranquilo

bonito / feo
bonito / feo

comienzo / fin
principio / fin

grande / pequeño
grande / pequeño

claro / oscuro
claro / oscuro

hermano / hermana
hermano / la hermana

limpio / sucio
limpio / sucio

completo / incompleto
completo / incompleto

día / noche
el día / la noche

muerto / vivo
muerto / vivo

ancho / angosto
ancho / estrecho

disfrutable / no disfrutable
comestible / no comestible

malo / amigable
malo / amable

excitado / aburrido
entusiasmado / aburrido

gordo / delgado
gordo / delgado

primero / último
primero / último

amigo / enemigo
el amigo / el enemigo

lleno / vacío
lleno / vacío

duro / suave
duro / blando

pesado / liviano
pesado / ligero

hambre / sed
el hambre / la sed

enfermo / saludable
enfermo / sano

ilegal / legal
ilegal / legal

inteligente / tonto
inteligente / tonto

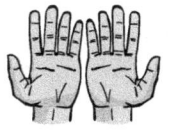
izquierda / derecha
izquierda / derecha

cercano / lejano
cerca / lejos

opuestos - los opuestos

nuevo / usado
nuevo / usado

nada / algo
nada / algo

viejo / joven
viejo / joven

encendido / apagado
encendido / apagado

abierto / cerrado
abierto / cerrado

bajo / fuerte
silencioso / ruidoso

rico / pobre
rico / pobre

correcto / incorrecto
correcto / incorrecto

áspero / liso
áspero / suave

triste / alegre
triste / contento

breve / extenso
corto / largo

lento / veloz
lento / rápido

mojado / seco
húmedo / seco

caliente / frío
cálido / frío

guerra / paz
guerra / paz

opuestos - los opuestos

números
los números

0 cero / cero

1 uno / uno

2 dos / dos

3 tres / tres

4 cuatro / cuatro

5 cinco / cinco

6 seis / seis

7 siete / siete

8 ocho / ocho

9 nueve / nueve

10 diez / diez

11 once / once

12 doce	**13** trece	**14** catorce
15 quince	**16** dieciséis	**17** diecisiete
18 dieciocho	**19** diecinueve	**20** veinte
100 cien	**1.000** mil	**1.000.000** millón / el millón

números - los números

idiomas
los idiomas

inglés
el inglés

inglés estadounidense
el inglés americano

chino mandarín
el chino madarín

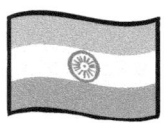
hindi
el hindi

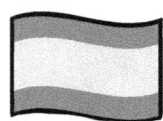
español
el español

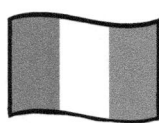
francés
el francés

árabe
el árabe

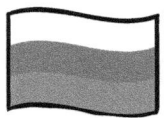
ruso
el ruso

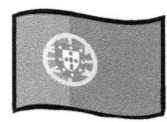
portugués
el portugués

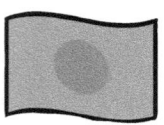
bengalí
el bengalí

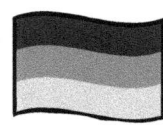
alemán
el alemán

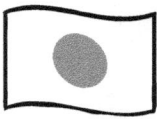
japonés
el japonés

quién / qué / cómo
quién / qué / cómo

yo
yo

tú
tú

él / ella
él / ella / ello

nosotros
nosotros/as

vosotros
vosotros/as

ellos
ellos/as

¿quién?
¿quién?

¿qué?
¿qué?

¿cómo?
¿cómo?

¿dónde?
¿dónde?

¿cuándo?
¿cuándo?

nombre
el nombre

donde
dónde

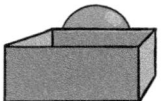

detrás

detrás

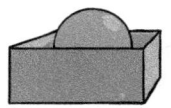

en

en

delante de

delante de

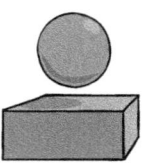

encima de

por encima de

sobre

sobre

debajo de

debajo de

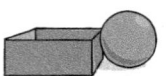

junto a

junto a

entre

entre

lugar

el lugar

www.ingramcontent.com/pod-product-compliance
Lightning Source LLC
Chambersburg PA
CBHW072023101025
33863CB00053B/1965